글 김인숙

천방지축 온 동네를 뛰어다니던 개구쟁이가 글 쓰는 사람이 되었습니다.
두 아이의 엄마가 되었지만 여전히 재미난 이야기꾼이 되고 싶은 꿈을 꾸며,
어린이들이 알아야 할 지식들을 재미난 이야기로 들려주려 애쓰고 있습니다.
쓴 책으로는 〈오천년 지혜 담긴 건물 이야기〉, 〈나야, 쌀〉, 〈점, 점, 점이 모여서〉, 〈차칸이 최고야〉 등이 있습니다.

그림 문구선

부산에서 태어나 대학에서 시각디자인을 전공했습니다.
대한민국 출판미술대전에서 특별상, 특선 등을 수상했습니다.
그린 책으로는 〈동생이 싫어〉, 〈할머니의 레시피〉, 〈직업의 세계가 궁금해-비행기 조종사〉,
〈흥부 놀부〉, 〈별주부전〉, 〈혹부리 영감〉 등이 있습니다.
정감 있고 따뜻한 그림을 그리기 위해 노력하고 있으며, 항상 행복한 작가가 되길 바라고 있습니다.

감수 신항균

성균관대학교 대학원 수학과를 졸업했습니다.
공군사관학교와 우석대학교 교수를 역임했고,
미국 애리조나 주립대학교 수학과 교환교수로도 활동한 바 있습니다.
지금은 서울교육대학교 수학교육과 교수로 재직 중이며,
동 대학교 초등수학교육연구소장으로 있습니다.
또한 서울교육대학교 영재교육원 운영위원으로도 활동하고 있습니다.
초등학교와 중학교, 고등학교에 이르기까지 수학교과서 집필책임교수로 활동했고,
저서로는 〈수학사와 수학이야기〉, 〈클릭 수학나라〉, 〈영재들의 1등급 수학교실 시리즈〉가 있습니다.

2단계 물건 세는 단위 19

쿠키 한 마리 멸치 두 알

글 김인숙 그림 문구선 감수 신항균
펴낸곳 (주)아람키즈 | 펴낸이 이소영 | 주소 서울특별시 성동구 성수이로 147 아이에스비즈타워 2F
고객센터 1644-4521 | 팩스 02-468-5548 | 홈페이지 www.aramkids.co.kr | 출판등록 제2020-000011호
기획 편집 디자인 (주)아람키즈 하늘땅
ISBN 979-11-6543-560-8 979-11-6543-509-7(세트)

• 눈을 편안하게 해 주는 친환경 식물성 원료인 콩기름 잉크로 인쇄하였습니다.
▲ 책 모서리가 날카로워 다칠 수 있으니 사람을 향해 던지거나 떨어뜨리지 마십시오.
▲ 종이에 베이거나 긁힐 수 있으므로 주의해 주십시오.

쿠키 한 마리 멸치 두 알

글 김인숙 · 그림 문구선 · 감수 신향균

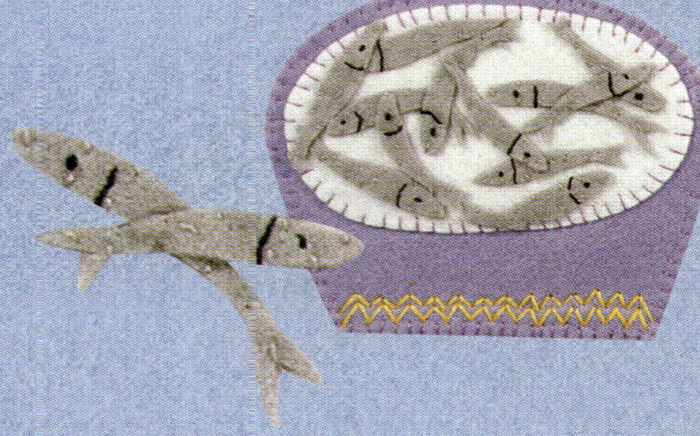

아람키즈

햇볕이 ***따사로운** 오후에
파리 한 마리가 슝 날아오더니
점박이 밥그릇 위에 내려앉았어.

파리는 슬쩍 점박이를 보더니
냠냠, 쩝쩝, 후다닥 밥을 먹기 시작했어.
바로 그때,
졸고 있던 점박이가 딱 눈을 떴지 뭐야.

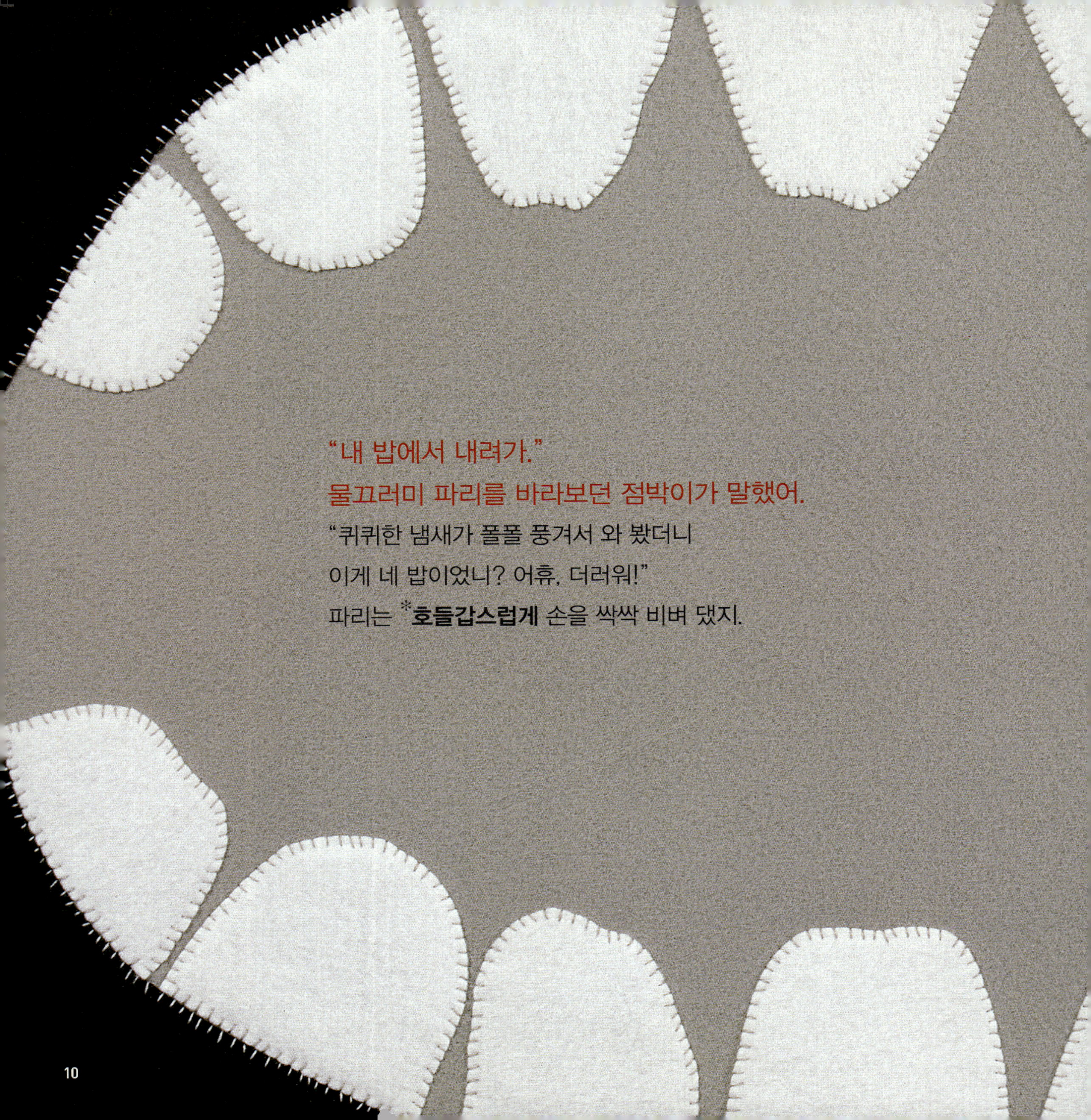

"내 밥에서 내려가."
물끄러미 파리를 바라보던 점박이가 말했어.

"퀴퀴한 냄새가 폴폴 풍겨서 와 봤더니
이게 네 밥이었니? 어휴, 더러워!"
파리는 ***호들갑스럽게** 손을 싹싹 비벼 댔지.

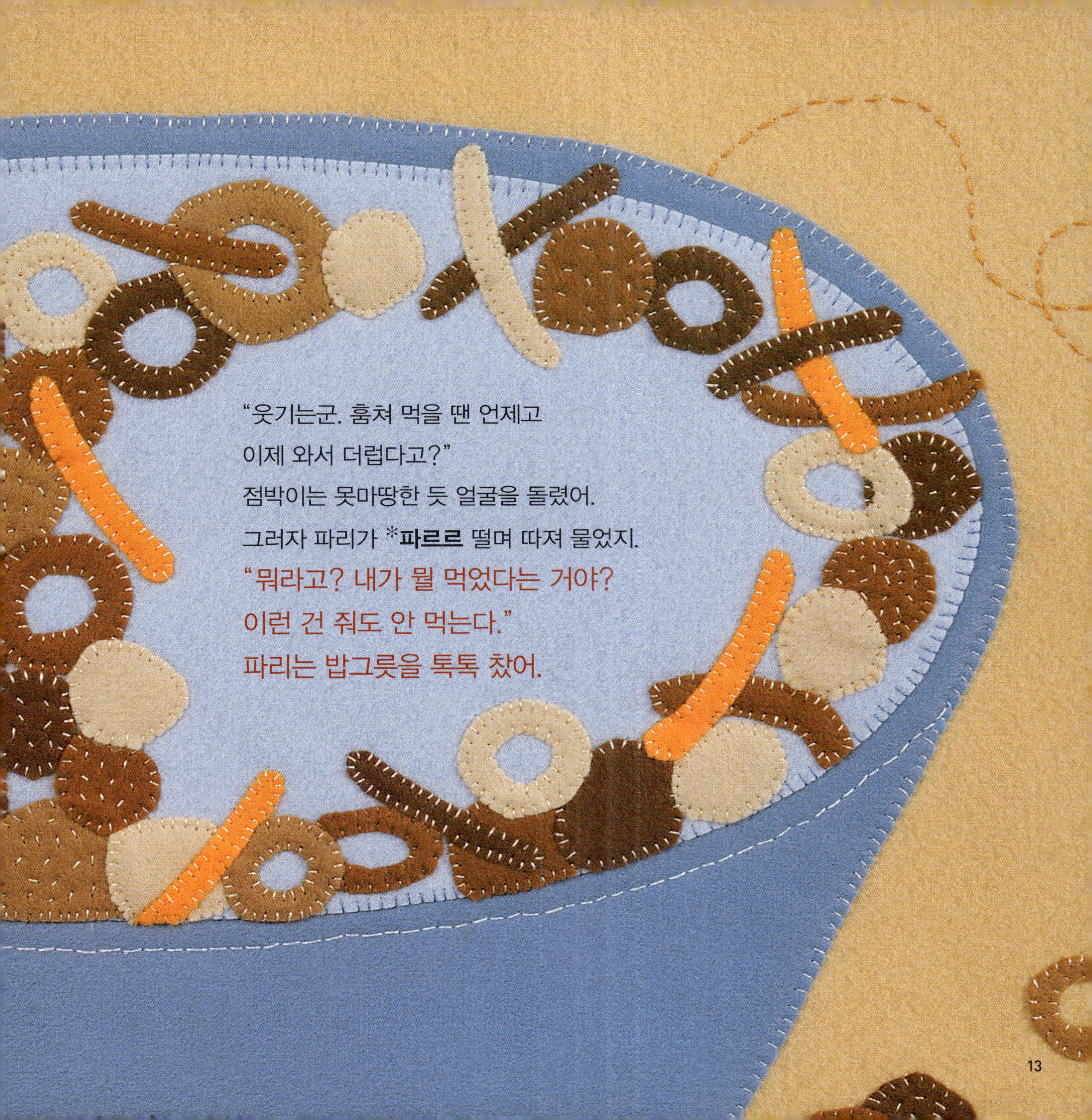

"웃기는군. 훔쳐 먹을 땐 언제고
이제 와서 더럽다고?"
점박이는 못마땅한 듯 얼굴을 돌렸어.
그러자 파리가 ***파르르** 떨며 따져 물었지.
"뭐라고? 내가 뭘 먹었다는 거야?
이런 건 줘도 안 먹는다."
파리는 밥그릇을 톡톡 찼어.

"그래? 넌 뭐 대단한 거라도 먹는 모양이지?"
점박이가 말했어.
"그럼~! 넌 내가 무얼 먹는지 알면 깜짝 놀랄걸?"
파리는 으스대며 말했어.
그러더니 점박이 밥그릇 위에 턱 ***걸터앉았어**.

"얼마 전, 저 아래 하얀 집에 가 봤더니
커다란 초콜릿 쿠키 *한 마리가 있지 뭐야?"
"한 마리가 아니라 *한 개겠지."
점박이가 *피식 웃었어.
하지만 파리는 못 들은 척 계속 말했지.

"아무튼 거기서 **오렌지주스**도 **한 개** 먹었어.
얼마나 시원하고 달콤하던지……."
파리는 입맛을 쩝쩝 다셨어.
하지만 점박이는 콧방귀를 뀌었어.
"흥! 한 개가 아니라 ***한 잔**이겠지."

"거참, 자꾸만 끼어들래?
탱글탱글한 메추리알도 못 먹어 봤으면서!"
파리가 조용히 하라는 듯 점박이를 ***흘겨보았어**.
"고소한 **메추리알 두 잔**을 먹었는데……."
그때 점박이가 또 끼어들었어.
"메추리알 두 잔이 아니라 ***두 알**이겠지."

"거참, 잔이든 알이든 그게 중요해?"
파리가 따져 물었어.
그러자 점박이가 싱글싱글 웃으며 파리를 놀렸지.
"그러고 보니 지금까지 네가 먹었다는 거, 다 거짓말이지?"
"뭐? 너 ***샘**나서 그러는 거지?"
파리는 억울하다는 듯 팔짝팔짝 뛰었어.

"그럼 어제는 뭘 먹었는데?"
점박이가 다시 물었어.

"요 옆집에서 아주 푸짐하게 먹었지.
노릇노릇하게 구운 **조기 한 알**에다가,
짭짤한 **멸치 두 알**!"

"우하하! 푸하하! 아이고, 웃겨라!
조기 한 알에 멸치 두 알이라고?
잘 들어 봐. 이렇게 말하는 거야.
조기 **한 마리**, 멸치 **두 마리**! 알았어?"
점박이는 배를 잡고 웃어 댔어.

그때였어.

현관문이 열리자, 파리가 날갯짓하며 소리쳤어.

“저 봐라, 나보고 들어오래.

넌 집 안에 못 들어가지만 난 들어간다. 약 오르지?”

파리는 휙 현관으로 날아갔어.

그런데, 우당탕탕 쿵쾅!

현관에서 요란한 소리가 들려왔어.

"엄마, 파리!"

"못 들어가게 막아! 파리약이 어디 있지?"

화창한 봄날 오후에
파리 한 마리가 허겁지겁 날아갔어.

"파리 살려! **사람 두 마리**가 쫓아온다!"
그 말을 듣고 점박이는 피식 웃으며 말했어.
"두 마리가 아니라 ***두 명**이겠지."

엄마가 보기

물건을 세는 단위에는 여러 가지가 있어요

우리 아이들은 물건을 셀 때 단위를 잘못 말하거나, 한 가지 단위로 통일시켜 말하는 경우가 많습니다. 예를 들어, 사람도 '한 개', 동물도 '한 개', 연필도 '한 개'라고 말하곤 하지요. 하지만 각각의 사물은 저마다 단위를 가지고 있습니다. 왜냐하면 사람은 사람대로, 동물은 동물대로, 연필은 연필대로 저마다 다르기 때문입니다. 만약 사람과 동물을 똑같이 '한 개'라고 한다면, 사람과 동물을 똑같은 기준으로 보는 것처럼 느껴질 수 있습니다. 그래서 사람을 셀 때는 '**명**'이라는 단위를 쓰고, 동물을 셀 때는 '**마리**'라는 단위를 쓰자고 약속한 것입니다.

세상에는 다양한 사물이 있듯이 **물건을 세는 단위**도 아주 많다는 사실을 아이들에게 가르쳐 주세요. 길거리나 가게에서 단위를 붙여 아이와 함께 세어 보세요. 또한 '켤레'와 같이 두 개를 묶어서 부르는 단위나 '꾸러미'처럼 열 개를 묶어서 부르는 단위도 가르쳐 주세요.

아이가 보기

파리의 실수는 무엇일까요?

허풍쟁이 파리는 점박이에게 그동안 자기가 먹었던 것들을 이야기해 주었어요. 하지만 단위는 모두 엉망이었어요. 파리가 어떻게 물건을 세었는지 볼까요? 그리고 점박이가 물건을 센 방법도 함께 보기로 해요.

쿠키 한 **마리** | 주스 한 **개** | 메추리알 두 **잔** | 조기 한 **알**

쿠키 한 **개** | 주스 한 **잔** | 메추리알 두 **알** | 조기 한 **마리**

아이와 함께 하기

단위를 이용해 물건들을 세어 보아요

방 안에 보이는 물건들을 세어 보기로 해요.

길거리에는 자동차도 있고 나무도 있어요.
어떤 사물이 얼마나 있는지 이야기해 보아요.